Nikolaus Nonn / Nicole Stockhoff

# Psalter und Harfe, wacht auf!

Nikolaus Nonn / Nicole Stockhoff

# Psalter und Harfe wacht auf!

Leitfaden für
den Kantorendienst

HERDER
FREIBURG · BASEL · WIEN

Agnus Dei

# INHALT

# DER KANTORENDIENST: EINE AUFGABE IM GOTTESDIENST DER GEMEINDE

Warum sind Sie Kantor oder Kantorin geworden? Oder warum wollen Sie es werden? Möglicherweise haben Sie gespürt, dass Sie Spaß und Freude an kirchlichen Gesängen haben oder ein musikalisches Talent besitzen, welches Sie in den gottesdienstlichen Feiern einbringen möchten. Vielleicht wurden Sie auch auf diesen Dienst angesprochen, weil Sie eine gute Stimme und Interesse an der Gottesdienstgestaltung haben.

Wer Liturgie feiert, sucht das Gespräch mit Gott oder möchte sich auf die Worte der Bibel einlassen. Der Sonntag hat für uns Christinnen und Christen dabei eine besondere Bedeutung. Es ist der erste Tag der Woche. Wie die ersten Jünger versammeln wir uns, um uns im Glauben stärken zu lassen. Am Sonntag feiern wir Tod und Auferstehung Jesu. Jesus Christus ist die Mitte unseres Gottesdienstes. Er ist gegenwärtig in unserer Versammlung, in der Verkündigung des Wortes, in den eucharistischen Gestalten und im Dienst des Priesters. Jede Eucharistiefeier ist eine Begegnung mit Gott. Damit dieses Geschehen sichtbar wird, wirken verschiedene Akteure mit: Messdienerinnen und Messdiener, Lektoren und Lektorinnen, Kommunionhelfer und Kommunionhelferinnen, Organistinnen und Organisten und eben auch Kantoren und Kantorinnen. Letztere haben im Wesentlichen zwei Funktionen: Die eine ist jene der Psalmistin, die andere die des Vorsängers. Bereits Paulus fordert in seinen Schriften dazu auf, dass jeder in der gottesdienstlichen Versammlung etwas einbringen soll, wie etwa einen Psalm, eine Lehre oder eine Offenbarung (vgl. 1 Kor 14,26). Es wird sichtbar: Die Gemeinde ist Trägerin der Liturgie.

## Das Grundverständnis von Liturgie und Gottesdienst

Liturgie ist Dialog zwischen Gott und Mensch und kann als ein Beziehungsgeschehen aufgefasst werden. In jedem Gottesdienst ereignet sich Gottes Zuwendung an den Menschen. In jeder gottesdienstlichen Feier dürfen wir als Mitfeiernde die Erfahrung machen, dass Gott zu uns spricht und uns mit seinen Worten ansprechen möchte. Auf diese Zusage Gottes dürfen wir als Mitfeiernde gemeinsam antworten. Zur gottesdienstlichen Form gehört beides: Die personale Wirklichkeit der Kirche und der Gemeinde mit all ihren Getauften und eben mit all ihren Mitfeiernden in der Unterschiedlichkeit der Gesichter und der Gebärden sowie der Worte und Handlungen. Aber es gehört eben auch die Wirklichkeit der göttlichen Präsenz dazu, die durch personale und sichtbare Zeichen oder rituelle Vollzüge gott-menschlicher Begegnung vermittelt wird. Der unsichtbare Gott lässt sich in den Gesichtern, Gebärden, Worten und Handlungen derjenigen erfahren, die in seinem Namen zusammenkommen und ihn loben und preisen. Somit ist es nicht beliebig oder nebensächlich, wenn wir als Christinnen und Christen zusammenkommen, um miteinander das Wort Gottes zu hören und Gottes Gegenwart zu feiern. Zugleich dürfen wir diese gott-menschliche Begegnung, die sich im Gottesdienst vollzieht, immer wieder mit den Elementen des Kirchenjahres verbinden und immer wieder neu zum Ausdruck bringen oder erleben.

**In jedem Gottesdienst ereignet sich Gottes Zuwendung an den Menschen.**

**Der unsichtbare Gott lässt sich in den Gesichtern, Gebärden, Worten und Handlungen derjenigen erfahren, die in seinem Namen zusammenkommen und ihn loben und preisen.**

## Die Grundlegung des Kantorendienstes

Der Dienst des Kantors wurde mit der Erneuerung der Liturgie durch das Zweite Vatikanische Konzil (1962–1965) wieder neu ins Bewusstsein gerückt. Die Aufgabe lässt sich in dreifacher Richtung beschreiben: als Singen für die Gemeinde (z. B. in der biblischen Verkündigung des Antwortpsalms), im Dialog mit der Gemeinde (z. B. bei Wechselgesängen) und als Unterstützung der Gemeinde (z. B. beim gemeinsamen Gesang). Auch die „Allgemeine Einführung in das Römische Messbuch" (AEM)[1] sieht den Kantorendienst ausdrücklich vor. Seine Aufgaben werden wie folgt beschrieben: „Nach Möglichkeit soll ein Kantor oder Chorleiter den Gesang der Gemeinde leiten und stützen. Steht kein Sängerchor zur Verfügung, übernimmt der Kantor die Ausführung der verschiedenen Gesänge; die Gemeinde beteiligt sich daran, wie es ihr zukommt."[2]

Die AEM sagt, dass der Kantor oder die Kantorin in der Eucharistiefeier unterschiedliche Elemente übernehmen kann (vgl. dazu *Das Aufgabenfeld*, S. 18–21).[3] Das Gotteslob von 2013 nimmt diese Möglichkeit auf, indem vermehrt Wechselgesänge für nahezu alle liturgisch-musikalischen Bausteine veröffentlicht wurden. Diese können von einem Vorsängerchor oder eben von einem Kantor oder einer Kantorin vorgetragen werden. Die meisten dieser Gesänge bestehen aus Strophen (V) und einem Kehrvers (A). Andere Gesänge sind fortlaufend vertont, die einzelnen Abschnitte werden in Vorsänger und Gemeinde aufgeteilt. Hier wird deutlich, dass es eine große Vielfalt an Formen und Möglichkeiten gibt, Kantorinnen und Kantoren in den Eucharistiefeiern einzusetzen. Es wäre wünschenswert, wenn das Singen für die Gemeinde, der Dialog mit der Gemeinde und die Unterstützung der Gemeinde den Kantorendienst in den Pfarreien kennzeichnen würden.

## Der Wortgottesdienst

Es soll keinen Gottesdienst ohne Schriftlesung geben. In den Lesungen aus der Heiligen Schrift – wie sie im Wortgottesdienst der Messfeier und in den Lesungen der anderen Gottesdienstformen vorkommen – spricht Gott zu den Menschen. Darauf Antwort zu geben mit Gesängen aus den Psalmen, ist eine Hauptaufgabe der Mitfeiernden, die der Kantor, die Kantorin unterstützt und begleitet. Der Antwortpsalm, der ein weiteres Bibelwort ist, ermöglicht es der Gemeinde, sich die gehörte Lesung meditierend anzueignen und mit Hilfe des immer wiederkehrenden Verses eine Antwort darauf zu formulieren. Weil dieser Gesang ein weiterer wesentlicher Teil des Wortgottesdienstes ist, wird dieser vom Ambo – dem liturgischen Ort der Verkündigung – vorgetragen. Die Verkündigung des Evangeliums bildet den Höhepunkt des Wortgottesdienstes. Christus wird im Evangeliar mit dem Hallelujaruf – beziehungsweise in der österlichen Bußzeit mit einem Christusruf – vor dem Evangelium und dem zum liturgischen Tag passenden Vers festlich begrüßt. Der Gemeinde diesen biblischen Ruf zuzusingen, damit sie in der Wiederholung einstimmen kann, ist eine weitere Aufgabe des Kantors. Wenn Kantoren neben der Psalmistenrolle auch jene des Vorsingens wahrnehmen und das wechselseitige Singen ermöglichen, kommen die dialogischen Elemente eines Gottesdienstes besonders gut zum Ausdruck.

**Der Antwortpsalm, der ein weiteres Bibelwort ist, ermöglicht es der Gemeinde, sich die gehörte Lesung meditierend anzueignen.**

## Der Gesang im Gottesdienst

Wie das gesprochene Wort eine Grundform menschlicher Kommunikation ist, sind auch Singen und Musizieren Grundformen menschlicher Verständigung. Vielleicht heißt es deshalb in vielen alten Mythen, dass die Musik ein Geschenk der Götter an die Menschen sei, oder dass die Menschen den Göttern die Musik abgelauscht hätten. Sowohl jüdische als auch christliche Überzeugung ist es, dass nicht nur auf Erden, sondern auch im Himmel gesungen und musiziert wird, wie z. B. in der Berufungsvision des Propheten Jesaja (Jes 6,3f.) oder in der Offenbarung des Johannes (Offb 14,1–3; 19,1–10 u. ö.) nachzulesen ist. Das bedeutet, dass die Musik des Himmels wie auch ihr Abbild auf Erden (also das kirchenmusikalische Tun) Lobpreis und Anbetung Gottes ist und der unermesslichen Freude aller Geschöpfe vor Gott Ausdruck verleiht. – Darum ist auch der Gesang die vornehmste und wichtigste Form der tätigen Teilnahme der zum Gottesdienst versammelten Gemeinde. Bereits im Neuen Testament fordert vor allem der Apostel Paulus die Gemeinde zum Singen auf: „Lasst in eurer Mitte Psalmen, Hymnen und Lieder erklingen, wie der Geist sie eingibt. Singt und jubelt aus vollem Herzen zum Lob des Herrn!“ (Eph 5,19 u. ö.) Hier wird deutlich: Singen baut in der gottesdienstlichen Versammlung die Gemeinde auf, sie wird gestärkt und vereint und kann durch das Singen den Glauben vertiefen. Tatsächlich dürfen wir darauf vertrauen, dass unser Beten und Singen vom Geist begleitet wird. Solch geistgewirktes Beten und Singen ermöglicht die heilmachende und befreiende Begegnung zwischen Gott und den Menschen, biblisch gesprochen: die Begegnung zwischen Schöpfer und Geschöpf. Der Gesang im Gottesdienst ist somit Abbild der „himmlischen Musik“, die die Heiligkeit Gottes preist, seine Huld und Treue gegenüber uns Menschen thematisiert, seine Allmacht und Liebe den Menschen darbringt.

**Singen baut in der gottesdienstlichen Versammlung die Gemeinde auf, sie wird gestärkt und vereint und kann durch das Singen den Glauben vertiefen.**

## Psalmen singen

Psalmen singen heißt, sich Worte zu eigen zu machen, mit denen zahllose Generationen vor uns schon ihren Glauben artikuliert haben, im Loben und Danken, im Bitten und Klagen. Mit den Psalmen reihen wir uns ein in den Strom der Glaubenserfahrungen der Kirche und der Geschwister des ersten Bundes. Wir dürfen uns mit diesen Worten identifizieren oder uns von diesen Worten herausfordern lassen. Die Worte der Psalmen vortragen zu dürfen, bedeutet auch: Ich bin Teil eines größeren Ganzen, Teil der Kirche, Teil der Communio. Neben dem alttestamentlichen Buch der Psalmen finden sich auch im Neuen Testament, abgesehen von den „klassischen" Cantica wie dem Benedictus (Lobgesang des Zacharias Lk 1,68–79), dem Magnificat (Lobgesang Marias Lk 1,46–55) und dem Nunc dimittis (Lobgesang des Simeon Lk 2,29–32), zahlreiche Beispiele für vorformulierte Lieder, die in den Gottesdiensten der jungen Christengemeinden gesungen worden sind. Deshalb finden jüdische und klösterliche Traditionen genauso Eingang in den Gottesdienst wie Gesänge aus dem neuen geistlichen Liedgut. Da der Gesang zu einer Bereicherung der liturgischen Feier wird, ist er nicht nur Aufgabe der Sängerinnen und Sänger, sondern diese tiefere spirituelle Erfahrung wächst aus dem Dialog mit dem Einüben in der Gemeinde. Alle sind eingeladen, so wie sie es können, den Klang des lebendigen Wortes weiterzutragen und sich von ihm berühren und durchdringen zu lassen.

**Mit den Psalmen reihen wir uns ein in den Strom der Glaubenserfahrungen der Kirche und der Geschwister des ersten Bundes.**

**Alle sind eingeladen, so wie sie es können, den Klang des lebendigen Wortes weiterzutragen und sich von ihm berühren und durchdringen zu lassen.**

## Das Zusammenspiel der liturgischen Dienste

**Die Kantorin oder der Kantor singen nicht einfach den Antwortpsalm vor oder unterstützen nur den Gemeindegesang, sondern sie verkünden und tragen damit zur Festlichkeit der Eucharistiefeier bei.**

Wenn alle liturgischen Dienste zusammenwirken, bereichern sie den Gottesdienst. Für diese Dienste braucht es jüngere und ältere Menschen, die mit Begeisterung und mit ihren jeweiligen Fähigkeiten dabei sind und ihren Dienst aus einer inneren Überzeugung heraus ausführen.

Wie der Lektorendienst ist auch der Kantorendienst ein Dienst der Verkündigung. Die Kantorin oder der Kantor singen nicht einfach den Antwortpsalm vor oder unterstützen nur den Gemeindegesang, sondern sie verkünden und tragen damit zur Festlichkeit der Eucharistiefeier bei.

Die liturgischen Rollen werden umso glaubwürdiger sein, je überzeugender die jeweilige Rolle ausgefüllt wird. Wenn der liturgische Dienst authentisch vollzogen wird, dann wird die Person in ihrer liturgischen Rolle wahrgenommen und so auch das liturgische Geschehen überzeugend intensiviert. Im liturgischen Tun des Dienstes wird spürbar, dass die Person ein Teil der Gemeinde ist, wenn auch – für den jeweiligen Dienst und für den punktuellen Vollzug des Dienstes – ein besonderer Teil. Die Person tritt der Gemeinde äußerlich gegenüber, aber für die liturgische Wirklichkeit bedeutsam, betet sie mit ihr und preist Christus als Erlöser der Welt.

## Allgemeine Informationen zum Kantorendienst

Die Bezeichnung Kantor/Kantorin kommt vom lateinischen *cantare*, was schlicht und einfach „singen“ bedeutet. Leider ist man lange Zeit von der Prämisse ausgegangen, dass es unmusikalische

Menschen gibt, aber mittlerweile sind wir eines Besseren belehrt worden. Tatsächlich gibt es keine unmusikalischen Menschen; wohl aber Menschen, die nicht (von klein auf) an Musik herangeführt worden sind und von daher Schwierigkeiten mit dem Singen haben. Das hat auch der Mönchsvater Benedikt gespürt, als er in seiner Regel schrieb: „Die Brüder dürfen nicht der Reihe nach vorlesen und vorsingen, sondern nur solche, die ihre Zuhörer erbauen." (RB 38,12)

Deshalb versteht es sich von selbst, dass nur diejenigen den Kantorendienst versehen sollen, die ihre Zuhörerinnen und Zuhörer auch erbauen können und gesanglich fit sind. Daher sollte dieser Dienst – wie auch der Lektorendienst – nur von jemandem ausgeführt werden, der dazu die Begabung besitzt und Freude für diesen liturgischen Dienst mitbringt.

**Wenn Sie nun der Schöpfer mit einer ansprechenden, schönen Stimme ausgestattet hat, ist es ratsam, dass Sie sich für diesen liturgischen Dienst schulen.**

Wenn Sie nun der Schöpfer mit einer ansprechenden, schönen Stimme ausgestattet hat, ist es ratsam, dass Sie sich für diesen liturgischen Dienst schulen, denn in den seltensten Fällen sind atem- und stimmtechnische Grundvoraussetzungen von vornherein gegeben. Deshalb sollte sich jeder, der als Kantor oder Kantorin tätig sein möchte, von Fachleuten – zum Beispiel von einem Sprecherzieher oder einer Kirchenmusikerin – beraten lassen, was er/sie mit Übungen für Aussprache, Haltung, Stimme und Atemtechnik an sich verbessern kann. Vor allem durch Stimmbildung kann man wertvolle Tipps für die Stimme, den Atem und den Gesang erhalten.

Die Rückversicherung bei solchen Fachleuten schafft Selbstvertrauen, das sich wiederum positiv auf den Gesang auswirkt: Die Gemeinde wird es dankbar aufnehmen und auf sich wirken lassen!

Ein wichtiger Punkt in der Vorbereitung auf den Dienst ist die eingehende Beschäftigung mit den vorzutragenden Gesängen. Gerade beim Antwortpsalm im Wortgottesdienst ist die geistliche Auseinandersetzung mit dem Text wichtig, weil es Jahrtausende alte Texte sind, deren Bilder sich einem nicht immer sofort erschließen. Gegebenenfalls kann man sich Zeichen in den Text machen, um Spannungsbögen besser aufbauen zu können.

Zwar sind wir es alle mehr oder minder gewohnt, vor anderen Menschen zu sprechen, aber solistisch vor einer Gruppe zu singen, ist doch eher ungewohnt, vor allem, wenn man in der Regel an einem erhöhten Punkt im Kirchenraum hinter dem Ambo steht. Gute Absprachen und sorgfältige Proben mit der Organistin oder dem Organisten vermindern das „Lampenfieber“ und in der Anfangszeit ist es ratsam, schlichte Vertonungen auszuwählen, damit die innere Aufregung nicht die Überhand gewinnt. So wird sich in relativ kurzer Zeit die nötige Gelassenheit für den Dienst einstellen.

Der Dienst des Kantors oder der Kantorin beschränkt sich aber nicht nur auf solistischen Vortrag oder Wechselgesänge, sondern hat auch die Aufgabe, den Gemeindegesang zu stützen und, wenn nötig, anzuleiten.

Wie die anderen Liturgieverantwortlichen oder besser: Neben den anderen liturgischen Diensten sollte auch eine Kantorin oder ein Kantor daher selbstsicher auftreten und ihre/seine liturgische Rolle gut ausfüllen, ohne sich selbst darzustellen, denn der Dienst ist keine Gesangseinlage, sondern ein liturgischer Dienst, der den Gottesdienst ungemein bereichern kann.

## Das Aufgabenfeld

Aus dem bislang Gesagten wird deutlich, dass ein Kantor, eine Kantorin eigentlich bei jeder gottesdienstlichen Feier zugegen sein sollte.

Wie wir gesehen haben, gibt die AEM deutliche Hinweise, wann der Kantorendienst benötigt wird. Die verschiedenen Schwerpunkte dieser Tätigkeit seien hier noch einmal stichwortartig genannt; zunächst bei der zentralen liturgischen Feier der Gemeinde, der Messfeier:

1. Beim Eingangsgesang: In der Regel wird zu Beginn der Messfeier ein Gemeindelied gesungen, bei dem die Kantorin, der Kantor die Gemeinde leitend unterstützt. Denkbar ist an dieser Stelle aber auch ein Wechselgesang (z. B. „Kommt herbei, singt dem Herrn“ – GL 140), der die Aussagen der AEM über den Eröffnungsteil der Eucharistiefeier umsetzt.

2. Beim Kyrie: Neben den lateinischen und deutschen Messgesängen (GL 104–122 bzw. GL 126–139) und den Kyrie-Rufen (GL 151–153) finden sich im Gotteslob auch mehrstimmige Kyriegesänge (GL 154–157), Kyrie-Litaneien (GL 158–162 und 164), aber auch zahlreiche Wechselgesänge (z. B. GL 163), ein Modell mit wechselnden Texten, die je nach (vorgegebener) Thematik veränderbar sind. Wenn als Eingangsgesang eine sogenannte Leise (GL 215, 252, 318, 319, 348, 481 und 503) gesungen wurde, entfällt das Kyrie.

3. Beim Gloria: Der *Hymnus angelicus* muss gesungen werden – und zwar nur in Ausnahmefällen als Gloria-Paraphrase (z. B. GL 167, 170–172). In der Regel sollte das Gloria aus den lateinischen oder deutschen Messordinarien bzw. GL 168, 169 oder 173 genommen werden.

4. Beim Antwortpsalm: Das in der Lesung verkündete und offenbarte Wort Gottes bedarf der meditierenden Antwort. Darum sieht die Liturgie der Kirche vor, auf die Schriftlesung mit einem zur Lesung ausgesuchten Psalm oder Psalmabschnitt zu antworten. Das Gotteslob enthält eine Vielzahl von Psalmen (GL 31–80 und 614–665), wenn man keine auskomponierten Psalmen, sondern die „normale" Form der Psalmodie nehmen möchte.

5. Beim Ruf vor dem Evangelium: Nicht rückwärtsgewandt – also bezogen auf die zweite (neutestamentliche) Lesung –, sondern vorwärts gerichtet als Begrüßung des Evangeliums, nimmt der Ruf vor dem Evangelium in der Regel einen Gedanken des Evangeliums auf und stellt den Kern der Botschaft vor. Die entsprechenden Verse sind sowohl in den Lektionaren als auch in den Schott Messbüchern verzeichnet und werden mit einem Halleluja-Ruf (vgl. GL 174–176,1.2) oder, in der Fastenzeit, mit einem Christusruf (etwa GL 176,3–5) als Kehrvers gestaltet.

6. Beim Credo: Im Gotteslob finden sich geeignete Vertonungen, bei denen die Gemeinde mit einem Kehrvers auf den solistisch vorgetragenen Credotext antwortet (GL 177–180).

7. Beim Fürbittgebet: In der Regel werden die Fürbitten von einer Lektorin oder einem Lektor gesprochen, sollten dann aber mit einem gesungenen Ruf, den der Kantor oder die Kantorin anstimmt, durch die Gemeinde bekräftigt werden (etwa GL 181–182).

8. Bei der Gabenbereitung: Zumeist wird bei der Bereitung der Gaben (wie beim Einzug) ein Gemeindelied gesungen, bei dem die Kantorin oder der Kantor die Gemeinde erneut leitend unterstützt. Da es sich bei diesem Gesang um einen Begleitgesang zu einer Prozession handelt, an der die Gottesdienstteilnehmer in der Regel nur visuell teilnehmen, bietet sich auch hier ein Wechselgesang (GL 184) oder Psalmengesang, z. B. Ps 23 (GL 37), an.

9. Beim Kommunionempfang: Gerade beim Kommunionempfang empfiehlt es sich, einen Wechselgesang mit leicht einprägsamem Kehrvers auszuwählen, den die Kommunikanten nach dem ersten Hören nachsingen können. Z. B. Ps 34 (GL 39) und Ps 145 (GL 76); in der Osterzeit bietet sich Ps 118 in Verbindung mit GL 175,2 an.

Vor allem bei der Messfeier sollte sich der Kantor, die Kantorin jedoch nicht allein auf die Vorsängerrolle beschränken. Gerade wenn man Kanons oder Rufe, in die Soloverse hinein gesungen werden, einsetzt, ist es hilfreich, die Gemeinde durch zurückhaltende, aber eindeutige Gesten zum Mitsingen zu animieren. Der Kantor oder die Kantorin übernimmt auf diese Weise gleichsam die Funktion eines „Animateurs“, was sich zum Beispiel in Frankreich sehr positiv auf den Gemeindegesang ausgewirkt hat.

Der Kantorendienst beschränkt sich aber nicht nur auf die Eucharistiefeier, zumal an nicht wenigen Kirchorten auch Wort-Gottes-Feiern stattfinden. Auch hier bietet es sich an, die sowohl der Eucharistiefeier analogen als auch die spezifischen Teile dieser Feierform (z. B. den Lobpreis) gesanglich anzuleiten. Aber auch bei anderen kirchlichen Feiern – nicht zuletzt beim Stundengebet – ist es wünschenswert, dass ein Kantor oder eine Kantorin anwesend ist, die die Gemeinde anleiten und unterstützen. Gerade beim Stundengebet ist der Kantorendienst unverzichtbar. Kommt es doch bei der Psalmodie auf das Gleichmaß und den Wechsel zwischen Kantor(-engruppe) und Gemeinde an. Es ist ersichtlich, dass auch in nicht eucharistischen Feierformen der Kantorendienst eine wertvolle Bereicherung darstellt.

**Der Kantorendienst beschränkt sich aber nicht nur auf die Eucharistiefeier, zumal an nicht wenigen Kirchorten auch Wort-Gottes-Feiern stattfinden.**

# PSALMENGESANG UND VORLAGEN

## Vortragsarten

Nicht nur im Stundengebet wird psalmodiert, sondern überall, wo die Psalmen mit Hilfe der Psalmtöne zum Klingen gebracht werden, spricht man von Psalmodie. Dabei gibt es verschiedene Arten des Vortrags:

- *Psalmus in directum (direkter Vortrag)*: Der Psalm wird von einem Kantor/einer Kantorin ohne Umrahmung oder Unterbrechung durch eine Antiphon oder einen Kehrvers vorgetragen; zum Beispiel bei der gesungenen Psalmlesung.

- *Respondierender Vortrag*: Der Kantor/die Kantorin trägt den Psalm Vers für Vers vor, und die Gemeinde antwortet nach jedem Vers oder nach jeder inhaltlich zusammengehörenden Versgruppe mit einem gleichbleibenden Kehrvers (dem *Responsum*); zum Beispiel beim Antwortpsalm im Wortgottesdienst.

- *Antiphonierender Vortrag*: Ein Kantor/eine Schola singt den Psalm Vers für Vers im Wechsel mit der Gemeinde. Umrahmt wird der Psalm durch eine gemeinsam gesungene Antiphon (Rahmen- oder Leitvers); zum Beispiel in der Stundenliturgie.

Schematisch dargestellt sieht das folgendermaßen aus:

| *Psalmus in directum* | *Respondierender Vortrag* | *Antiphonierender Vortrag* | |
|---|---|---|---|
| $\text{Vers}_1$ | Responsum (K) | Antiphon (K) | |
| $\text{Vers}_2$ | Responsum (G) | Antiphon (G) | |
| $\text{Vers}_3$ | $\text{Vers}_1$ (K) | $\text{Vers}_1$ | (Kantor) |
| $\text{Vers}_4$ | Responsum (G) | $\text{Vers}_2$ | (Gemeinde) |
| $\text{Vers}_5$ | $\text{Vers}_2$ (K) | $\text{Vers}_3$ | (Kantor) |
| $\text{Vers}_6$ | Responsum (G) | $\text{Vers}_4$ | (Gemeinde) |
| $\text{Vers}_7$ | $\text{Vers}_3$ (K) | $\text{Vers}_5$ | (Kantor) |
| $\text{Vers}_8$ | Responsum (G) | $\text{Vers}_6$ | (Gemeinde) |
| $\text{Vers}_9$ | … | … | |
| … | $\text{Vers}_n$ (K) | $\text{Vers}_n$ | (K. od. G.) |
| $\text{Vers}_n$ | Responsum (G) | [Antiphon (G)] | |
| Doxologie | Doxologie (K) | Doxologie (K) | |
| | Responsum (G) | Antiphon (C) | |

Sowohl der Kehrvers bzw. das Responsum als auch die Antiphon haben in der Regel textlich eine Kernaussage des Psalms zum Inhalt, wobei an besonderen Tagen – etwa an Heiligenfesten oder in den Festzeiten des Jahreskreises – durchaus auch andere, nicht psalmodische Texte auf die Eigenart des Festes oder der geprägten Zeit hinweisen und den Psalm damit inhaltlich deuten.

## Funktionen der Psalmodie

Wie es drei verschiedene Vortragsarten der Psalmodie gibt, so unterscheiden wir auch drei verschiedene Funktionen der Psalmodie:

– *Begleitpsalmodie*: Der Psalmgesang begleitet eine Handlung oder eine Prozession. Es kommt der antiphonierende Vortrag zur Anwendung, wobei die Antiphon nach jedem Psalmvers wiederholt wird. Die Anzahl der gesungenen Psalmverse richtet sich nach der Dauer der zu begleitenden gottesdienstlichen Handlung; zum Beispiel beim Einzug zur Messfeier, etwa der *Introitus* im Gregorianischen Choral, oder bei der Gabenbereitung.

– *Vortragspsalmodie*: Die Kantorin oder eine Schola trägt einen Psalm ganz oder teilweise vor, die zuhörende Gemeinde antwortet mit dem Responsum. Bei dieser Form der Psalmodie ist der Verkündigungscharakter im Vordergrund, weshalb eine sorgfältige Artikulation von Nöten ist. Zu dieser Form gehört z. B. der Antwortpsalm nach der Lesung im Wortgottesdienst.

- *Offiziumspsalmodie*: Bei der Psalmodie in der Stundenliturgie singt der Kantor oder eine Vorsängergruppe den Psalm im Wechsel mit der zum Gottesdienst versammelten Gemeinde. Die Psalmen werden von Antiphonen eingerahmt. Hierbei steht nicht die Verkündigung des Textes im Vordergrund, sondern die Meditation. Die Wortverkündigung und -betrachtung tritt zurück hinter das einfache Rezitieren einer immer gleichbleibenden und wiederkehrenden Psalmodieformel. Die gleichförmige Charakteristik dieser Formel erfordert viel weniger Aufmerksamkeit als das gemeinsame Sprechen eines Textes und lenkt gleichzeitig die Betrachtung hin auf den Text und die eigentliche Intention der Offiziumspsalmodie: die Meditation.

Dem Abendland wird ja häufig vorgeworfen, es kenne keine Form der Meditation, und die Wege der Menschen hin zu Yoga und ZEN-Meditation seien die Antwort auf das Fehlen einer abendländischen Meditationsform. Doch diese Annahme ist irrig. Tatsächlich ist das christliche Stundengebet *die* abendländische Form der Meditation, genauer gesagt: Stundengebet ist die Meditation des Lebensodems, der dem Menschen von Gott eingehaucht (vgl. Gen 2,7) und geschenkt ist:

Jeder Mensch atmet, wobei dies kein rein aktives oder passives, sondern ein „mediales" Tun ist: Atemluft fällt in jeden Menschen ein, und der Psalmenbeter/die Psalmbeterin schenkt diese Luft in Form von Psalmworten (also in das Wort Gottes gekleidet) an Gott zurück: Dies entspricht dem ersten Halbvers. Die restliche Atemluft strömt aus, neue strömt ein, und der Beter/die Beterin verfährt wie zuvor: Er/Sie schenkt die Luft in das Wort Gottes gekleidet an Gott zurück: Dies entspricht dem zweiten Halbvers.

**Atemluft fällt in jeden Menschen ein, und der Psalmenbeter/die Psalmbeterin schenkt diese Luft in Form von Psalmworten (also in das Wort Gottes gekleidet) an Gott zurück**

Der Wechsel zwischen Kantor/Kantorin beziehungsweise Vorsängergruppe und betender Gemeinschaft sorgt dafür, dass der/die Einzelne nicht atemlos wird, sondern in einem vertrauten Rhythmus von Anspannung und Entspannung über den Lebensstrom des Atems nachsinnen kann.

Deshalb geht es bei der Offiziumspsalmodie nicht nur in erster Linie um den Inhalt, die Worte. Vielmehr geht es um den je eigenen, ganz persönlichen Lebensodem, der dem Individuum von Gott eingehaucht ist. Dieser Lebensodem dringt von außen in uns ein, dringt zur Mitte vor, und wir schenken ihn, in das Wort Gottes gekleidet, an Gott zurück.

Aus dem bisher Gesagten wird vielleicht auch deutlich, warum Psalmen in der Gemeinschaft *gesungen* werden müssen. Nur beim Gesang, der in Wahrheit ja ein „gehobener Sprechgesang" ist, kann der Atem in der Weise fließen, dass er bis in die Mitte des Beters/der Beterin vordringen und ihm/ihr neue Kraft geben kann.

## Psalmlieder

Neben der (klassischen) Psalmodie, bei der die Psalmen nach strengen psalmodischen Formeln gesungen werden, gibt es auch zahlreiche Neudichtungen, die den Psalmtext mehr oder weniger umfangreich in Strophenform paraphrasieren. Diese auf Martin Luther zurückgehende Form der Psalmenpoesie findet sich in einer ganzen Reihe von Liedern im Gotteslob. Solche Psalmlieder sind zum Beispiel:

- GL 393 „Nun lobet Gott im hohen Thron“ als Psalmlied zu Ps 117;

- GL 423 „Wer unterm Schutz des Höchsten steht“ als Psalmlied zu Ps 91;

- GL 357 „Wie schön leuchtet der Morgenstern“ als Psalmlied zu Ps 45 ...

Ebenso finden sich im Gotteslob zahlreiche Gesänge, die die Psalmen als Textvorlage haben und die musikalisch den respondierenden Vortrag nachzubilden suchen (z.B. „Erfreue dich Himmel“ – GL 467 zu Psalm 148).

Darüber hinaus gibt es auch Paraphrasen zu den neutestamentlichen Cantica (z. B. „Hoch sei gepriesen unser Gott“ zum Benedictus – GL 384, „Den Herren will ich loben“ zum Magnificat – GL 395 und „Nun lässest du, o Herr“ zum Nunc dimittis – GL 500).

Mit diesen und anderen Gesängen ist es möglich, eine Stundengebetszeit zu gestalten, deren Aufbau sich am klassischen Ablauf der Tagzeitenliturgie orientieren kann. Damit jedoch nicht ein Gesang auf den anderen folgt, sollte zwischen den einzelnen Psalmliedern eine kurze Stille gehalten werden, die in eine Psalm-Oration mündet. Diese vom Vorsteher des Gottesdienstes vorgetragene Oration sollte den Kerngedanken des Psalmlieds aufnehmen und diesen auf die Anliegen von Kirche, Gesellschaft und Welt übertragen.

Im Folgenden möchten wir einige Hilfestellungen und Kantorenbücher kurz vorstellen, wobei die Reihenfolge keine Wertung wiedergibt.

# KANTORENBÜCHER UND HILFESTELLUNGEN

## Freiburger Kantorenbuch

Das Freiburger Kantorenbuch zum Gotteslob ist in zwei Bänden erschienen. Band 1 enthält die Antwortpsalmen der drei Lesejahre an den Sonn- und Festtagen, Band 2 enthält den Halleluja- und Christusruf vor dem Evangelium für alle Sonn- und Feiertage des Kirchenjahres.

Lesenswert ist in beiden Büchern das jeweilige Vorwort, weil darin auf die Spiritualität der Psalmen und die Besonderheiten des Psalmengesangs eingegangen wird. Vor allem in Band 2 wird die Beziehung zwischen Bibel, Kirchenmusik und Liturgie betont und werden die musikalische Dramaturgie und die verschiedenen Rollen vorgestellt. Die Hinweise zum Singen und zur Notation und Interpretation sind hilfreich und können leicht umgesetzt werden.

Was die Antwortpsalmen angeht, kann man kritisieren, dass als Textgrundlage nicht die Einheitsübersetzung 2016 – also der offizielle, in den Lektionaren verwendete Text –, sondern die des Münsterschwarzacher Psalters gewählt worden ist. Tatsächlich ist diese Übersetzung von Altphilologen, Germanisten, Musikwissenschaftlern und Kirchenmusikern erstellt worden, die eine große Nähe zum hebräischen Urtext hat und gut singbar ist.

Die Betonungsstriche im Text erleichtern den Interpreten die Sinnspitzen des Textes zu erkennen und dies musikalisch umzusetzen.

## Münchener Kantorale

Das Münchener Kantorale wurde von der Abteilung Kirchenmusik im Ordinariat des Erzbistums München und Freising herausgegeben. Es besteht aus fünf Bänden: drei für die verschiedenen Lesejahre, ein Band für das Heiligengedächtnis und ein Band für Feiern zu besonderen Anlässen. Im Gegensatz zur Erstauflage hat die Neubearbeitung deutlich an Umfang zugelegt, weil es nicht mehr nur Werk- und Vorsängerbuch für die musikalische Gestaltung der Messfeier ist, sondern auch ein Scholabuch. Textgrundlage ist hier die Einheitsübersetzung von 2016.

Da der Antwortpsalm vom Ambo aus vorgetragen wird, ist praktischerweise neben dem Werkbuch eine Kantorenausgabe herausgegeben worden, die handlicher ist.

Bei den Psalmversen sind nur die Tonhöhen angegeben, sodass ebenfalls ein am Text orientierter Vortrag ermöglicht werden soll. Bei den Versen zum Ruf vor dem Evangelium sind oftmals zu den Tonhöhen auch rhythmische Notationen angegeben.

## Rottenburger Kantorenbuch

Die vom Amt für Kirchenmusik der Diözese Rottenburg-Stuttgart herausgegeben Bände mit den Antwortpsalmen unterscheiden sich nicht unwesentlich von den anderen hier beschriebenen Kantorenbüchern. Hier sind die Psalmverse nicht auskomponiert, sondern den vierteiligen Psalmtonmodellen von Heinrich Rohr zugeordnet. Diese benutzen für die beiden ersten Halbverse den klassischen Psalmton und für die folgenden beiden Halbverse eine tonale Erweiterung, die sich organisch an den ersten Teil anschließt.

In dem vorangestellten Kapitel „Ausführung und Notation der Gesänge“ wird darauf hingewiesen, dass bei den vierteiligen Psalmtonmodellen darauf zu achten sei, die vier Abschnitte in einem großen Bogen zu singen.

Beim Ruf vor dem Evangelium sind die Verse durchgängig mit den klassischen Psalmtonmodellen vertont, was den Vortrag gerade für weniger versierte Sängerinnen und Sänger leichter macht.

Für die Begleitung der Kehrverse und Psalmtonmodelle sind über den Noten die Akkorde angegeben. Ein zweistimmiger Begleitsatz für das vierteilige Psalmtonmodell ist jeweils auf der rechten Buchseite abgedruckt.

## SCHOTT Kantorale

Das SCHOTT Kantorale ist das einzige der hier angeführten Kantorenbücher, das eine längere Einführung gibt. Heinz-Walter Schmitz geht sehr ausführlich und dezidiert auf den „Vortrag der Gesänge“ ein. Unter anderem weist er darauf hin, dass die Kantorenverse im gleichen (rhythmisierten) Notationsstil wie der des Kehrverses geschrieben sind, um die Einheit von Kehrvers und Psalmodie zu veranschaulichen. Aber diese Notenwerte sind nur Annäherungswerte: Der Text bleibt – wie bei jeder Solopsalmodie – entscheidend.

Auch das neue SCHOTT Kantorale folgt der Einheitsübersetzung von 2016.

Jeweils auf einer Doppelseite findet sich der Kehrvers mit dem Antwortpsalm und der Ruf vor dem Evangelium. Für den Kehrvers ist die Begleitung ausnotiert. Bei den Versen sind die Akkorde über den Noten angegeben, wobei die Melodie nicht mitgespielt werden soll, eine „flächige“ Begleitung ist eher angebracht.

Da die Gesänge für alle drei Lesejahre in einem Band versammelt sind, ist das SCHOTT Kantorale vom Format her größer als die anderen vorgestellten Kantorenbücher und relativ schwer.

## Internetseite: antwortpsalm.de

Im Internet findet man unter www.antwortpsalm.de „das frei verfügbare Online-Kantorale zum neuen Gotteslob“, so der selbst erstellte Untertitel der Seite. Im Impressum zeichnet sich Thomas Schumacher verantwortlich für die Seite. Im Telefongespräch sagt der Autor, dass er in München regelmäßig Vespergottesdienste auf der Orgel begleitet hat. Aus der Psalmodie des Stundengebets ist dann irgendwann die Idee entstanden, die Antwortpsalmen und Verse zu den Rufen vor dem Evangelium zu vertonen.

Für die Kehrverse werden verschiedene Vorschläge unterbreitet und auf die entsprechenden Nummern im Gotteslob hingewiesen, sodass der Kantor neben den ausgedruckten Psalmversen auch das Gesangbuch benutzen muss. Die Psalmverse selbst sind in schlichter Weise vertont, wobei die Vertonungen selbst ohne Notenwerte verzeichnet sind, was dem Kantor sehr viel gestalterischen Spielraum lässt. In den meisten Fällen ist beim Inhaltsverzeichnis eine mp3-Datei beigefügt, bei der jeweils die erste Versgruppe zu hören ist. Hier wäre von der Sängerin ein wenig mehr Gestaltung des Textes wünschenswert. Hingegen macht die Orgelbegleitung deutlich, wie sich der Komponist diese vorstellt. Bei den Halleluja-Versen sind jeweils mehrere Vertonungen vorgeschlagen.

Wie im oben erwähnten Untertitel der Seite bereits deutlich wird, bezieht sich dieses Kantorale auf das neue Gotteslob und verwendet wie dieses die Textgestalt der Einheitsübersetzung von 1980. Diese unterscheidet sich von den Antwortpsalmen in den neuen Lektionaren, die der Einheitsübersetzung von 2016 folgen.

## Internetseite: Hildesheimer Kantorenbuch

Unter https://www.bistum-hildesheim.de/service/angebote/liturgie-und-kirchenmusik/service/kantorengesaenge/ ist das Hildesheimer Kantorenbuch zu finden, das Thomas Viezens während der Corona-Pandemie begonnen hat und das weiter vervollständigt wird.

Als Textgrundlage dient die Einheitsübersetzung von 2016. Wie schon bei www.antwortpsalm.de sind die Psalmverse schlicht vertont. Beim Antwortgesang sind nur die Tonhöhen angegeben, der Vers zum Ruf vor dem Evangelium enthält zusätzlich auch eine rhythmische Notation. Als Hilfestellung für die Begleitung der Gesänge sind harmonische Angaben hinzugefügt.

Hilfreich sind die Erläuterungen zur Gestaltung der Gesänge mit dem Hinweis, dass beim Antwortgesang auf einen flüssigen, rhythmisch freien und am Text orientierten Vortrag zu achten sei.

## Internetseite: kirchenmusik-muenchen.de

Auf der Website www.kirchenmusik-muenchen.de steht unter der Rubrik „Gottesdienstgestaltung" ein Online-Kantorale zur Verfügung, das für jeden Tag des Kirchenjahres neben Lied-/Gesangsvorschlägen auch Vertonungen für den im Lektionar vorgesehenen Antwortpsalm und den Ruf vor dem Evangelium enthält. Diese Online-Publikation versteht sich als Fortsetzung und Ergänzung der fünf Print-Bände des neuen Münchener Kantorale, die seit der Einführung des neuen Gotteslob erschienen sind. Als zusätzlicher Service werden auch alle „Menü-Seiten" der bisherigen Print-Bände mit den Liedvorschlägen für Sonntage, Hochfeste, Heiligenfeste und besondere Feiern auf der Website zum kostenlosen Herunterladen angeboten.

Darüber hinaus stehen auch neu ausgearbeitete Vorschläge für die Gestaltung der Tagzeitenliturgie zur Verfügung. Diese Vorschläge wollen einen einfachen und flexiblen Einstieg in die Feier des Tagzeitengebetes ermöglichen. Dafür werden jeweils drei im Umfang unterschiedlich stark ausgefaltete Feierformen angeboten: „Kurzes Gebet", „Schlichte Hore" und „Entfaltetes Morgen-/Abendlob". Für die Sonntage gibt es dann immer einen Vorschlag für die Gestaltung einer kompletten Vesper. Dieses Angebot zur Tagzeitenliturgie ist ebenfalls über die Website www.kirchenmusik-muenchen.de erreichbar, kann aber auch direkt über www.tagzeitenliturgie.de aufgerufen werden.

# PRAKTISCHE HINWEISE UND AUSBLICK

## Praktische Hinweise

Einheitliche Regelungen für die Ausübung des Kantorendienstes kann es nur in einem kleinen Rahmen geben, da die konkrete Feiergestalt vor Ort und der jeweilige Kirchenraum eigene Vorgaben machen. An dieser Stelle können nur einige praktische Tipps gegeben werden, die alle aus der Praxis erwachsen sind.

**Vor dem ersten Dienst sollte man sich mit dem liturgischen Raum, den Funktionsorten, dem/den Mikrofon/en und ggf. mit der liturgischen Kleidung vertraut machen.**

Vor dem ersten Dienst sollte man sich mit dem liturgischen Raum, den Funktionsorten, dem/den Mikrofon/en und ggf. mit der liturgischen Kleidung vertraut machen. Es empfiehlt sich, den Raum einmal zu begehen und auf Stufen und Stolperfallen zu achten. Auch das Schuhwerk sollte so gewählt werden, dass es ein bequemes Gehen und Stehen ermöglicht. Wenn der Kantorendienst in Zivilkleidung verrichtet wird, sollte man sich in ihr gut bewegen können. Sie soll sich dem Anlass entsprechend von lässiger Alltagskleidung unterscheiden und trotzdem dezent sein. Wird der Dienst in liturgischer Kleidung verrichtet, sollte diese gut über der Zivilkleidung getragen werden können.

Um den Kantorendienst gut ausüben zu können und um sich auf den Antwortpsalm und die Lieder, die für den Gottesdienst ausgewählt wurden, gut einstellen zu können, sollte der Kantor oder die Kantorin den Liedplan rechtzeitig erhalten.

## Der Kirchenraum und der Funktionsort Ambo

Die Anforderungen an einen Sakralbau sind vielfältig. Er muss zum einen der Einheit des Gottesvolkes dienen, sodass deutlich wird, dass die Gemeinde sich mit Christus zum Gottesdienst versammelt. Zum zweiten muss sich im Kirchenraum die liturgische Feier entfalten können. Dazu zählt auch, dass bestimmte Orte akzentuiert sind. Als drittes hat der Kirchenraum Zeichencharakter. So sollte er ein festliches Gepräge haben, was durch die Gestaltung des Raumes durch Bilder und Skulpturen, aber auch durch einen passenden Blumenschmuck angedeutet werden kann.

**Jeder Kirchenraum ist ausgestattet mit sogenannten Funktionsorten.**

Jeder Kirchenraum ist ausgestattet mit sogenannten Funktionsorten. Diese sollen im Kirchenraum klar erkennbar sein. Sie formen die Kirche und transportieren Bedeutungen, weil sie unterschiedliche herausgehobene Situationen im Gottesdienst markieren. Zu den Funktionsorten gehören: der Altar, der Ambo, die Sitze des Vorstehers und der liturgischen Dienste, der Tabernakel mit dem Ewigen Licht und das Taufbecken.

Weil der Ambo der Ort der Wortverkündigung ist, trägt der Kantor oder die Kantorin, analog zu den Lesungen und dem Evangelium, von dort den Antwortpsalm und den Ruf vor dem Evangelium vor. Alle weiteren Gesänge werden von einem anderen, geeigneten Ort aus vorgetragen.

## Umgang mit dem Mikrofon und Blickkontakt

Der Kantor oder die Kantorin sollte versuchen, dass er/sie mit seinem/ihrem Gesang im ganzen Kirchenraum verstanden wird. Das Mikrofon kann hier eine wertvolle Unterstützung bieten. Aber der Umgang mit dem Mikrofon will geübt sein. Es ist ratsam, einmal mit dem Sakristan oder der Sakristanin die Mikrofonanlage zu testen, denn jedes Mikrofon reagiert anders. Ebenso gibt es bei Funkmikrofonen weitere Besonderheiten, mit denen man sich vor dem Kantorendienst vertraut machen sollte.

Wenn der Kantor oder die Kantorin den jeweiligen Vers des Antwortpsalms gesungen hat, bietet es sich an, Blickkontakt mit der Gemeinde zu suchen, sodass die Gemeinde mit dem Kehrvers einsteigen kann. Wenn dieser Blickkontakt fließend passiert, kommt gerade der dialogische Aspekt zum Tragen.

## Aus- und Fortbildung

Analog zu den anderen liturgischen Diensten, wie die des Lektors oder der Kommunionhelferin, wird auch der Kantorendienst von Ehrenamtlichen in den Gemeinden getragen. Die Qualifizierung zur Kantorin und zum Kantor ist in den einzelnen Diözesen unterschiedlich geregelt. Sie wird häufig von den Regional- oder Dekanatskantoren in unterschiedlichen Modulen angeboten.

## Absprachen und Themenabende

**Gerade in der Anfangszeit kann es hilfreich sein, wenn über den liturgischen Dienst gesprochen wird und wie dieser vor Ort erlebt wird.**

Gerade in der Anfangszeit kann es hilfreich sein, wenn über den liturgischen Dienst gesprochen wird und wie dieser vor Ort erlebt wird. Aber auch über die Anfangszeit hinaus sollten Austauschrunden für die Kantoren und Kantorinnen stattfinden. Bei diesen Treffen können für den konkreten Dienst Rückmeldungen und Anregungen gegeben werden. Neben den praktischen Tipps kann auch inhaltlich zu gottesdienstlichen Themen und Fragestellungen gearbeitet werden. So wird der Kantorenkreis in der

Pfarrei oder im pastoralen Raum nicht nur als Organisationsgremium erlebt, in dem es um das Verteilen der Dienste an den einzelnen Tagen geht, sondern auch als ein Kreis, in dem Antworten auf Glaubensfragen gefunden werden können. Ebenso kann es sinnvoll sein, sich immer wieder einmal mit dem Aufbau der Eucharistiefeier zu beschäftigen (z. B. GL Nr. 580–591). Sicherlich sind hierüber hinaus auch die Kirchenmusikreferate der Diözesen bei der Durchführung von Fortbildungen und Einkehrtagen behilflich.

## Vorstellung in der Gemeindemesse

Es ist von hoher Bedeutung, dass diejenigen, die den Kantorendienst in der Gemeinde neu übernehmen, vorgestellt werden, nachdem sie einen entsprechenden Qualifizierungskurs absolviert haben. Dies kann im Rahmen einer Gemeindemesse am Sonntag stattfinden. Es ist ein schönes Zeichen, wenn sie zu Beginn dieser Feier mit den anderen liturgischen Diensten einziehen und dann zunächst in oder vor den Bankreihen Platz nehmen. Nach den Einführungsworten kann der Priester eine kurze Erläuterung zum Selbstverständnis und zu den Aufgaben des Kantors geben und die neuen Personen der Gemeinde vorstellen. Er kann sie daraufhin in den Altarraum führen und ein Segensgebet für sie sprechen. Danach können die Kantoren und Kantorinnen mit dem Kyrie-Ruf fortfahren.

**Es ist von hoher Bedeutung, dass diejenigen, die den Kantorendienst in der Gemeinde neu übernehmen, vorgestellt werden, nachdem sie einen entsprechenden Qualifizierungskurs absolviert haben.**

## Vorgestellte Kantorenbücher und weitere Gesangbücher


Antiphonale zum Stundengebet, hg. v. den Liturgischen Instituten Trier – Salzburg – Zürich in Zusammenarbeit mit den Mönchen der Abtei Münsterschwarzach; musikalische Bearbeitung von Godehard Joppich und Rhabanus Erbacher (Freiburg/Münsterschwarzach 1980)

Benediktinisches Antiphonale, hg. v. der Abtei Münsterschwarzach, 3 Bde. (Münsterschwarzach 1996)

Benediktinisches Antiphonale. Vorsängerbuch, hg. v. der Abtei Münsterschwarzach (Münsterschwarzach 1996)

Evangelisches Gesangbuch (Gütersloh 1996)

Freiburger Kantorenbuch zum Gotteslob, hg. v. Amt für Kirchenmusik der Erzdiözese Freiburg, Bd. 1: Antwortpsalmen im Kirchenjahr (Stuttgart 2013), Bd. 2: Ruf vor dem Evangelium (Stuttgart 2016)

Gotteslob. Stammausgabe. Katholisches Gebet- und Gesangbuch, hg. v. den (Erz-) Bischöfen Deutschlands und Österreichs und dem Bischof von Bozen-Brixen (Stuttgart 2013)

Münchener Kantorale. Für die musikalische Gestaltung der Messfeier. Hg.v. Amt für Kirchenmusik im Ordinariat des Erzbistums München und Freising. 5 Bde. (Lesejahr A, B, C; Heiligengedächtnis; Feiern zu besonderen Anlässen) (München 2015, 2018 und 2021)

Antwortpsalmen und Rufe vor dem Evangelium. Eine Handreichung für den Gottesdienst. Hg. v. Amt für Kirchenmusik der Diözese Rottenburg-Stuttgart. 3 Bde. (Lesejahr A, B, C) (Paderborn 2015 und 2017)

SCHOTT Kantorale. Antwortpsalm, Ruf vor dem Evangelium, Hallelujavers. Lesejahr A, B, C. Bearb. von Heinz-Walter Schmitz (Freiburg 2019)

## Anmerkungen

1 Allgemeine Einführung in das Römische Messbuch (revidierte Fassung von 1975), in: Die Feier der Heiligen Messe. Messbuch für die Bistümer des deutschen Sprachgebietes. Authentische Ausgabe für den liturgischen Gebrauch, hg. im Auftrag der Bischofskonferenzen Deutschlands, Österreichs und der Schweiz sowie der Bischöfe von Luxemburg, Bozen-Brixen und Lüttich (Einsiedeln u.a. 1976), Teil I, S. 19*–73*.

2 AEM: Nr. 64.

3 Vgl. AEM: Nr. 37, 47, 56e, 56i.

## Quellen

Coverbild: Akademiekirche Katholische Akademie Die Wolfsburg, Mülheim an der Ruhr, Fotograf Roman Weis
Bilder im Innenteil: 15, 26, 40, 47 Akademiekirche Katholische Akademie Die Wolfsburg, Mülheim an der Ruhr, Fotograf Roman Weis; 2, 22, 30, 37 Mariendom Hildesheim © Nikolaus Nonn; 4, 17, 33, 39 © Bistum Münster; 21 © Katharina Gebauer; 34 © Nikolaus Nonn.


www.herder.de
Umschlaggestaltung: Verlag Herder
Satz: wunderlichundweigand
Herstellung: Medienhaus Plump GmbH, Rheinbreitbach
Printed in Germany
ISBN 978-3-451-39520-8